Inhalt

Zertifizierte Holzwaren - nachhaltige Forstwirtschaft dient der Umwelt

Kernthesen

Beitrag

Fallbeispiele

Weiterführende Literatur

Impressum

Zertifizierte Holzwaren - nachhaltige Forstwirtschaft dient der Umwelt

I.Zeilhofer-Ficker

Kernthesen

- Der illegale Holzeinschlag in den riesigen Urwäldern der Welt bedroht unsere Lebensgrundlagen und verursacht die Ausrottung von Tausenden verschiedener Lebensarten.
- Der Markt für Holz hat sich seit 1960 verdreifacht und die Nachfrage nach Holz- und Papierprodukten wächst ständig weiter.
- Nur durch eine nachhaltige Forstwirtschaft

können Lebensräume gesichert und das Klima geschützt werden.
- Mit dem Kauf von ausschließlich zertifizierten Holz- und Papierwaren trägt man dazu bei, dass der Anteil von nachhaltig bewirtschafteten Wäldern steigt und der illegale Kahlschlag zurückgedrängt wird.

Beitrag

Holz gilt als Garant für Behaglichkeit. Unsere Fenster, Türen, Böden, Dachstühle und Möbel sind aus Holz und Zellstoff ist das Rohmaterial für Papier aller Arten. Und für viele Menschen in der dritten Welt ist Holz der einzige verfügbare Brennstoff überhaupt. Durch Kahlschlag und Raubbau leiden die Wälder dieser Erde. Wenn wir zertifiziertes Holz und Holzwaren kaufen, können wir sicher stellen, dass nachwachsen kann, was für uns gefällt wurde.

Wälder sind unersetzbar

Wälder liefern nicht nur Holz, sie sind auch als Rückzugsgebiete für bedrohte Tiere und Pflanzen sowie als Erholungsraum für stressgeplagte

Menschen unersetzbar. Die riesigen Regenwälder in den Tropen speichern große Mengen an schädlichem CO2 und tragen als Wasserspeicher zur Stabilisierung des weltweiten Klimas bei. Eine ungeheure Artenvielfalt hat ihr Zuhause in den Urwaldgebieten und könnte Quelle für die Heilmittel der Zukunft werden. (1)

Trotzdem beutet der Mensch die Wälder gnadenlos aus und zerstört dadurch seine eigene Lebensgrundlage. Auf über 200 Milliarden Dollar schätzt man die Profite der Holzindustrie jedes Jahr, auf 500 Milliarden Dollar den weltweiten Markt. Und die Nachfrage steigt vor allem in Industrie- und Schwellenländern weiter an. Allein seit 1960 hat sich der Holzverbrauch verdreifacht. Dadurch werden skrupellose Geschäftsleute verleitet, den Wald auf illegale Art und Weise zu vernichten. (1), (2), (4), (5)

Vor allem in tropischen Gebieten werden riesige Waldgebiete einfach kahl geschlagen. Wenn die Motorsäge nicht reicht, macht man mit Dynamit weiter oder man brennt Büsche und Niedrigholz einfach ab. Das Land wird dann zum Anbau von Monokulturen wie Eukalyptus, Soja oder Palmöl genutzt, mit Herbiziden und Pestiziden vergiftet und nach wenigen Jahren, wenn der karge Boden gänzlich ausgelaugt ist, einfach brach liegen gelassen. Das Resultat sind verdörrte Steppen und Wüsten, auf denen weder Mensch noch Tier existieren können. (1), (2), (3)

Illegaler Raubbau bedroht das Klima

Fast 13 Prozent der weltweiten Holzverkäufe stammt aus illegalem Holzeinschlag. Man schätzt, dass in Brasilien 80 Prozent des Amazonasholzes illegal aus dem Regenwald geholt wird, in Indonesien soll der Anteil illegaler Einschläge bei 70 Prozent liegen. Und selbst Russland, wichtiger Lieferant für Zellstoff für Papier, liefert 50 Prozent seines Holzes jenseits der Legalität. (1), (2)

Nachhaltig sind die illegalen Erntemethoden in keinem Fall. Es werden nicht einzelne Bäume gefällt, sondern ganze Landstriche einfach platt gemacht. Das ist billiger, das Holz lässt sich leichter abtransportieren und die Profite sind höher. (1)

Dabei sind vor allem die weit ausgedehnten Regenwälder in den Tropen und die Urwaldgebiete in Russland für das Weltklima von großer Bedeutung. Durch ihre ausgleichende Wirkung auf den Wasserkreislauf beeinflussen sie Temperatur und Luftströmungen gleichermaßen. Die Wälder speichern riesige Mengen an Kohlendioxid und Wasser. Würde all dieses CO2 freigesetzt, könnte die Klimakatastrophe apokalyptische Ausmaße annehmen. (1)

Nachhaltige Forstwirtschaft schützt und bewahrt

Niemand erwartet, dass wir nun alle Wälder plötzlich wieder ganz in Ruhe lassen. Die indigenen Naturvölker in Lateinamerika leben schon seit Hunderten von Jahren im Einklang mit ihren Wäldern, nutzen nur so viel Holz, wie sie zum Überleben brauchen und profitieren von dem natürlichen Schatz der Artenvielfalt.

In Deutschland sind die Waldbesitzer gesetzlich dazu verpflichtet, dass ihre Wälder ordnungsgemäß und nachhaltig bewirtschaftet werden. Das heißt, es darf nur so viel entnommen werden, wie wieder nachwächst. Einzelne Baumriesen werden geschlagen, damit junge Bäume durch mehr Licht besser gedeihen. Man entfernt alte und kranke Bäume oder Holz, das Stürmen oder Unwetter zum Opfer gefallen sind. Mit Neuanpflanzungen hilft man der Natur auf die Beine wo es notwendig und sinnvoll ist. (6)

Diese nachhaltige Waldbewirtschaftung ist Voraussetzung für die offiziellen Zertifikate für Holz, Holzprodukte und Papierwaren.

Mit dem Kauf von zertifizierten Produkten dem illegalen Kahlschlag entgegenwirken

Weit über 40 Programme zur Holzzertifizierung gibt es weltweit. Wirklich gebräuchlich und bekannt sind bei uns aber nur die beiden Siegel des FSC (Forest Stewardship Council) und des PEFC (Programme for the Endorsement of Forest Certification). Während die FSC-Zertifizierung von Umweltschutzverbänden empfohlen wird, ist die PEFC-Zertifizierung eher umstritten. Je nach Umfang kosten die Prüfungen für die Siegel zwischen 900 und 20 000 Euro pro Jahr. (5), (7)

Neben nachhaltiger Waldbewirtschaftung schreibt FSC auch vor, auf Herbizide und Pestizide zu verzichten, die Rechte von Arbeitern und Bewohnern müssen bewahrt werden und ein Wildmanagement ist erforderlich. Das FSC wurde 1993 von Umweltorganisationen und wenigen forstwirtschaftlichen Unternehmen aus der Idee heraus gegründet, umwelt- und sozial verträgliche Waldwirtschaft zu honorieren und entsprechend zu kennzeichnen. Weltweit sind schon 109 Millionen Hektar Wald mit dem Siegel ausgezeichnet, in Deutschland halten etwa fünf Prozent der Waldflächen das Zertifikat. Neben Holzprodukten können auch Papiere, die über die gesamte Produktionskette hin nachhaltig erzeugt werden sowie holzverarbeitende Unternehmen mit dem FSC-Zertifikat ausgezeichnet werden. Dazu sind umfangreiche Untersuchungen und Prüfungen zu bestehen. Trotzdem gibt es auch Kritiker denn auch an Eukalyptus-Plantagen-Besitzer wurde das Siegel vergeben. Die FSC-Politik wird nun im Hinblick auf Plantagen überarbeitet. (1), (5), (8)

Die seit 1999 existierende PEFC-Zertifizierung ist wesentlich umstrittener. Entstanden aus einer Zusammenarbeit zwischen Holzindustrie und Waldbesitzern wird die Bezeichnung nachhaltige Waldbewirtschaftung sehr frei ausgelegt. Die Zertifizierung wird von lokalen Agenturen vorgenommen, die kaum kontrolliert werden. Einige Unternehmen tragen das Siegel, obwohl sie für radikale Kahlschläge und den großflächigen Einsatz von Giften bekannt sind. (3), (9)

In 30 Ländern sind bereits über 200 Millionen Hektar

nach PEFC geprüft, in Deutschland mehr als sieben Millionen Hektar, also etwa 65 Prozent der gesamten Waldfläche. Auch für PEFC gibt es eine Produktkettenzertifizierung. PEFC sieht vor, dass keine illegal geschlagenen Holzprodukte verwendet werden dürfen. Als weniger bürokratisch findet das PEFC-Siegel vor allem bei kleinen familiengeführten Forstbetrieben Zustimmung. (9)

Auch wenn die Produkte mit PEFC-Siegel nicht mit den strengen FSC-Kriterien mithalten können sie sind allemal besser als Produkte ganz ohne Siegel, die oft aus illegalen Quellen stammen. Der Käufer hat es deshalb in der Hand, durch sein Bestehen auf zertifizierte Produkte dem illegalen Holzeinschlag einen Riegel vorzuschieben. Es sollte für jeden Einzelnen zur Selbstverständlichkeit werden, nur noch Holz- und Papierprodukte zu kaufen, die ein Nachhaltigkeits-Siegel tragen. Denn nur wenn sich für nicht-zertifizierte Waren keine Abnehmer mehr finden, wird man irgendwann auf die illegalen Methoden des Holzabbaus verzichten. (1)

Fallbeispiele

Streng nach den Kriterien des PEFC ernten die Holzwerke Pröbstl GmbH ca. 550 000 Festmeter Holz pro Jahr in heimischen Wäldern. Pröbstl war einer der ersten bayerischen Forstbetriebe, der das Siegel erhalten hat. Oberstes Gebot ist für Pröbstl, nie mehr Holz zu schlagen als auch wieder nachwachsen kann. Die Weiterverarbeitung wird ebenso nach umweltschonenden Kriterien durchgeführt. (12)

Die schweizerische Firma Precious Woods versucht in Brasilien zu beweisen, dass es lukrative Alternativen zum Kahlschlag der Amazonasgebiete gibt. Bei Itacoatiara führt das Unternehmen einen Holzverarbeitungsbetrieb, der nach den strikten Regeln des FSC arbeitet. Höchstens zehn Prozent des Baumbestandes einer Region dürfen gefällt werden, nach der Ernte wird das Gebiet 25 Jahre lang in Ruhe gelassen, bevor weiteres Holz eingeschlagen werden darf. Trotz der nachhaltigen Arbeitsweise konnte Precious Woods im ersten Halbjahr 2008 einen Ertrag von 63,5 Millionen Dollar erzielen. (13)

Eigentlich hatte sich IKEA zum Ziel gesetzt, bis Ende 2009 dreißig Prozent seines Holzbedarfs mit FSC-zertifizierter Ware zu decken. Tatsächlich ging der Anteil von nachgewiesen nachhaltigen Hölzern zurück. Die als Quelle vorgesehenen Waldflächen in China und Russland konnten nicht schnell genug den Anforderungen des Siegels entsprechen. Nichts desto trotz bleibt IKEA am Ball und versucht, mit acht festangestellten Forstwissenschaftlern mehr und mehr Lieferanten von der umweltgerechten Holzwirtschaft zu überzeugen. (11)

Weiterführende Literatur

(1) Papier - Chancen und Risiken für ein Produkt aus nachwachsenden Rohstoffen
aus Wochenblatt für Papierfabrikation Nr. 03-04 vom 28.02.2008 Seite 120

(2) Kahlschlag im Regenwald
aus Süddeutsche Zeitung, 25.03.2008, Ausgabe Deutschland, Bayern, München, S. 21

(3) Falsch etikettiert
aus DIE ZEIT Nr.04

(4) Zu wenig Wald
aus WirtschaftsWoche NR. 017 VOM 21.04.2008 SEITE 130

(5) Der Förster, mein Kapitalexperte
aus Süddeutsche Zeitung, 16.09.2008, Ausgabe Deutschland, Bayern, München, S. 27

(6) Im Auwald werden wieder Bäume gefällt / Stadtförster Sickert erklärt die Gründe
aus LVZ/Leipziger-Volkszeitung, 27.09.2008, S. 21

(7) Kapel, Denise, About the environmental organizations, American Printer, United States (AMERPRIN), 125 (2008) 3
aus LVZ/Leipziger-Volkszeitung, 27.09.2008, S. 21

(8) Im Wald die Orientierung verloren Das Holz-Siegel des Forest Stewardship Council (FSC), ein Zertifikat für nachhaltige Produktion, ist bei Umweltverbänden umstritten
aus taz, 13.09.2008, S. VIII

(9) Zertifikat für den Wald
aus Die Presse vom 2008-02-13, Seite: R3

(10) PEFC-Zertifizierung wird zum Verkaufsschlager
aus Agra-Europe (AgE), 49. Jahrgang Nr. 27 vom 30.06.2008

(11) Zu wenig Öko-Holz Ikea geht das Holz aus
aus Süddeutsche Zeitung, 25.04.2008, Ausgabe Deutschland, Bayern, München, S. 27

(12) Spezialeinsatz: Großlader mit Riesenschaufel Sägeholzreste statt Erdaushub
aus bpz baupraxiszeitung, Heft 9, 2008, S. 22

(13) Rendite aus dem Regenwald
aus Süddeutsche Zeitung, 02.08.2008, Ausgabe Deutschland, Bayern, München, S. 32

Impressum

Zertifizierte Holzwaren - nachhaltige Forstwirtschaft dient der Umwelt

Bibliografische Information der deutschen Nationalbibliothek

Die Deutsche Nationalbibliothek verzeichnet diese Publikation in der deutschen Nationalbibliografie; detaillierte bibliografische Daten sind im Internet über http://dnb.d-nb.de abrufbar.

ISBN: 978-3-7379-1493-2

© 2015 GBI-Genios Deutsche Wirtschaftsdatenbank GmbH, Freischützstraße 96, 81927 München, www.genios.de

Alle Rechte vorbehalten. Dieses Werk ist einschließlich aller seiner Teile – z.B. Texte, Tabellen und Grafiken - urheberrechtlich geschützt. Jede Verwertung außerhalb der Grenzen des Urheberrechtsgesetzes bedarf der vorherigen Zustimmung des Verlags. Dies gilt insbesondere auch für auszugsweise Nachdrucke, fotomechanische

Vervielfältigungen (Fotokopie/Mikroskopie), Übersetzungen, Auswertungen durch Datenbanken oder ähnliche Einrichtungen und die Einspeicherung und Verarbeitung in elektronischen Systemen.